NARRATION

DE MON

VOYAGE EN ITALIE

SUIVIE D'UNE AUDIENCE DU SAINT-PÈRE

et d'une

VISITE A MONSEIGNEUR LE COMTE DE CHAMBORD

A GORITZ

PAR

J. SAUJEON PÈRE

ancien chef d'atelier

—{ ★ }—

BORDEAUX

IMPRIMERIE ALCIDE SAMIE

Rue du Parlement-Saint-Pierre, 16

1878

A SA GRANDEUR

MONSEIGNEUR DE LA BOUILLERIE

Monseigneur,

Permettez-moi de vous offrir humblement la dédicace de de cette courte *Narration sur mon Voyage en Italie;* que Votre Grandeur daigne l'accepter et bénir la brochure et l'auteur.

Dans cette attente pleine de confiance, je suis, avec le plus profond respect,

Monseigneur,

de Votre Grandeur, le très-humble et très-obéissant serviteur.

J. SAUJEON Père.

NARRATION

DE MON

VOYAGE EN ITALIE

Suivie d'une audience du Saint-Père

ET

D'UNE VISITE A MONSEIGNEUR LE COMTE DE CHAMBORD

A GORITZ

———————+*+———————

Depuis bien des années j'avais le vif désir de
visiter cette Italie tant vantée par les touristes,
par les poètes et par les romanciers ; je voulais
voir par moi-même si ce ciel de la patrie de tant
de grands hommes en tous genres était vraiment
aussi bleu, aussi pur qu'on le disait ; je voulais
connaître cette terre hospitalière, je voulais surtout
contempler Rome, et recevoir, si possible était,
la bénédiction paternelle du Vicaire de Jésus-
Christ.

Je quittais donc Bordeaux vers la fin du mois
de mars de cette année pour entreprendre, avec
un de mes fils, ce long voyage qui, grâce aux voies
ferrées, s'effectue dans de très-douces conditions.
En arrivant à Nice, nous fûmes frappés de l'aspect
grandiose de cette ville bâtie par les Marseil-
lais, au pied des Alpes et au bord de la Méditerranée. Ses villas et ses hôtels sont élégants et
gracieux à la fois ; les orangers, les citronniers et
une grande variété d'autres fleurs lui donnent un
air tout à fait coquet ; ses promenades, surtout
celle des Anglais, sont charmantes. Il semble que
le ciel bleu de l'Italie se mire dans les flots de la
mer dont elle est un des ports les plus gracieux.

De Nice nous allons à Gênes, en traversant la
petite principauté de Monaco que l'on aperçoit
bâtie sur un rocher du golfe de Gênes. Je jetai
un regard de compassion sur cette ville, où,
hélas ! tant de fortunes ont été englouties et où
l'honneur de bien des familles a roulé sur le tapis
vert.

Nous voici donc à Gênes, ville qui a joué un si grand rôle dans l'histoire. Elle est située au fond du golfe dont elle porte le nom ; elle est bâtie en amphithéâtre. L'aspect de cette cité est tout à fait grandiose, surtout quand on la voit du côté de la mer ; c'est ce qui l'a fait surnommer la Superbe.

La plupart des villes d'Italie rappellent de si grands souvenirs, que, sans en vouloir faire l'histoire, je ne puis m'empêcher d'en dire quelques mots ; car celui qui voit apprend bien plus que celui qui est obligé de s'en rapporter à ce qui est dit dans les livres ; puis les ciceroni qui sont habitués aux voyageurs vous donnent de parfaites explications.

Gênes, rivale de Venise par ses magnifiques constructions et rivale de Naples par ses sites, fut encore appelée la Superbe à cause de la grandiose magnificence de ses palais et la grande richesse de son commerce. Ses édifices sont disposés en demi-cercles, comme les gradins d'un vaste amphithéâtre. La colline qui l'entoure est couronnée d'une magnifique verdure, et les crêtes

les plus élevées sont dominées de forts qui se
perdent dans les nues. Les Génois disent que le
panorama qu'offre leur ville est vanté de Naples
à Constantinople. Pour ma part je le trouve splendide. Les Génois sont très-fiers de l'ancienneté de
leur cité, dont la fondation remonte à l'an 707
avant Jésus-Christ : Marcellus l'incorpora à la
Gaule cisalpine, et Magon, frère d'Annibal, la dé-
truisit en 205. Relevée trois ans après, elle devint
très-florissante ; sa prospérité s'accrut du temps
des Croisades. Après avoir passé entre les mains
de plusieurs peuples, elle se constitua au XIme siècle en république indépendante. Enfin par le
traité de Vienne (28 mai 1815), elle fut cédée au
roi de Sardaigne. Le port qui forme un vaste
hémicycle est large de 20,000 mètres. Le phare
est surmonté d'une lanterne haute de 76 mètres
et de 118 au-dessus du niveau de la mer. Il est
destiné à éclairer et à guider les navigateurs dans
les ténèbres. C'est le port le plus majestueux de
la Méditerranée. La principale place est celle de
l'Acqua Verde. En 1862, on érigea sur cette

place un monument en marbre à la mémoire de Christophe Colomb ; c'est l'œuvre de Bartolini. La cathédrale, consacrée à Saint-Laurent, est une des plus riches de l'Italie. Elle fut commencée en l'an 1100, restaurée en 1550 par Galeazzo Alessi, qui s'attribue le chœur et la coupole. L'autel principal a deux statues en bronze représentant l'une la Vierge et l'Enfant-Jésus, l'autre saint Jean l'Évangéliste ; c'est l'œuvre de Gian Pietro Bianchi et de Mantorsoli. La chapelle du Saint-Sacrement est peinte à fresque. Ce que l'on admire dans cette église, c'est la chapelle dédiée à Saint-Jean, dont les ornements sont en marbre et en stuc. Dans la sacristie, on conserve un vase dit le Sacro-Catino, qui, dit-on, est un don fait par la reine de Saba à Salomon, lequel fut transporté en Europe au temps des Croisades. L'extérieur répond à la beauté de l'intérieur ; on remarque le péristyle formé de magnifiques colonnes en granit ; on remarque aussi deux gigantesques lions, qui, par leur attitude, semblent garder l'entrée de ce splendide monument. Dans l'église Saint-Am-

broise, on admire la légèreté de la coupole et
la pureté du travail de la voûte peinte par
Carlone. Le grand autel est d'une très-belle architecture ; on y remarque deux tableaux de
Rubens, dont l'un·représente la Circoncision et
l'autre saint Ignace. Dans toutes les chapelles, on
remarque des tableaux des plus grands peintres
de l'Italie, tels que Guido, Deferrari, etc.

Le cadre que je me suis tracé pour la relation
de mon voyage ne me permet pas de m'étendre
d'avantage sur les monuments religieux, qui sont
tous d'une magnificence qui appartient seule au
pays qui fut le berceau des arts. Nous n'avons pu
visiter, faute de temps, ni la bibliothèque, ni le
collége des Jésuites. La construction de cet édifice
date de l'an 1623; c'est l'œuvre de Bianco qui,
avec Alessi, eut la gloire d'enrichir Gênes de ses
plus beaux monuments. Les palais sont nombreux
et tous fort beaux ; les plus remarquables sont le
palais Royal qui est un grandiose édifice avec jar-
din, théâtre, bibliothèque et vastes appartements.
Le palais Adorno qui possède de magnifiques

tableaux ; le palais Balbi renommé par la beauté
de ses colonnes en marbre et par les chefs-d'œuvre
des Van-Dick, des Tissien, des Tintoret, etc. Le
palais Ducal, ancienne résidence des doges ; sa
magnifique façade est due à Cantoni. Les rues
de Gênes sont généralement étroites et les maisons
très-hautes, ce qui fait que le soleil d'Italie ne pé-
nètre jamais dans bon nombre de ces riches habi-
tations. Les principales rues, qui sont assez larges,
offrent, comme tous les environs, un charmant
aspect.

Nous quittons Gênes la Superbe pour nous
rendre à Turin. Ceux qui n'ont point voyagé
en Italie croient sans doute que partout dans
ce beau pays règne un printemps éternel. Je
viens leur dire le contraire; car nous avons eu
très-froid pour arriver à Turin ; il nous semblait aller au-devant des frimas de la Russie.
Turin est situé au confluent du Pô et de la Dora-
Riparia. La construction de cette ville est d'une
régularité remarquable qui tout d'abord surprend,

mais qui finit par donner un peu de monotonie à cette cité, qui du reste est fort belle. Les arceaux qui en font le tour sont une promenade très-agréable et renferment de fort beaux magasins. Parmi les places de Turin, nous avons remarqué celle du Château, qui est la principale et qui se trouve presque au centre de la ville. On y voit le palais Royal, les palais des Ministères, le palais Madame, devant la façade duquel les Lombards ont élevé un monument pour reconnaître la valeur des armées Sardes en faveur de l'indépendance italienne. On admire plusieurs édifices sur cette place, lesquels présentent une magnificence d'architecture dont l'Italie a presque seule le secret, et des portiques qui offrent de fort commodes passages. La place de Saint-Charles est la plus belle de Turin. Il y a une statue équestre en bronze d'Emmanuel Philibert, qui se couvrit de gloire à la bataille de Saint-Quentin contre les Français. Turin possède plus de cent églises, la plupart d'un goût moderne et dans le style original du XVIIme siècle. Nous avons visité la cathédrale dédiée à Saint-Jean-Baptiste. Elle fut fondée en 602, par Agilulfe et Theddelinde, reine des Lombards; elle fut reconstruite en 1498 par Baccio Pontelli, élève de l'école Bramantesca. A droite, en entrant, on voit une chapelle sur l'autel de laquelle on remarque un tableau représentant la Vierge, Jésus-Christ et plusieurs saints, d'Albert Durer. Les peintures à fresque sont d'une rare beauté. Nous avons remarqué la chapelle du Christ, d'architecture assez bizarre, dont la coupole est très-fantastique. On voit dans cette chapelle le Saint-Suaire qui a été apporté d'Orient à l'époque de la dernière Croisade. Le marbre noir de cette élégante chapelle lui donne un caractère singulièrement majestueux. Parmi les palais, je citerai le palais Royal, vaste édifice entouré de portiques; l'extérieur n'offre rien de remarquable, mais l'intérieur est composé de vastes et riches appartements qui renferment des objets d'art d'une beauté digne des augustes hôtes qui les habitaient. Sur la façade qui donne sur la place Castello, il y a deux magnifiques statues en bronze représentant Castor et Pollux.

En admirant les beautés de cette résidence
royale, je fus tout naturellement amené à penser
au défunt roi Victor-Emmanuel, et je me dis que
ce roi si aimé de ses sujets, et en particulier de
ceux de Turin, a eu bien tort d'abandonner cette
capitale ; car, par cet abandon, il a diminué de
beaucoup le prestige attaché à toute cité résidence royale, porté un coup peut-être mortel au
commerce, ruiné bien des familles et réduit de
moitié la population ; car depuis 1865 que Florence était la capitale de l'Italie, les Turinais
disent que tout a changé pour eux : les fêtes, les
réjouissances sont rares, puisque la Cour, qui en
était la cause, n'y est plus. Tant il est vrai que
l'idée ou la volonté d'un seul homme peut en
rendre des millions d'autres heureux ou malheureux. Le palais Madame est le plus bel ouvrage
d'architecture de Turin ; il fut commencé au
XIIIme siècle, et en 1718 embelli d'une magnifique façade par ordre de Madame Royale.

Nous quittons Turin pour nous rendre à Milan,

ville située entre le Pô, le Tessin et le lac Majeur;
elle est placée dans une vallée charmante.Milan est
une des plus belles et des plus riches cités d'Italie.
Trois canaux magnifiques alimentent le commerce,
fertilisent la campagne. Plusieurs de ces places
sont très-remarquables ; une d'elles, nommée la
place Fontana, forme un quadrilatère régulier
avec une magnifique fontaine où sont représentées
deux sirènes en marbre ; un arc de triomphe, dit
del Sempione, est un des plus célèbres monuments modernes ; il fut commencé en 1804 et terminé en 1838. Il est en marbre blanc ; deux statues colossales qui regardent la cité représentent
l'une le Pô, l'autre le Tessin ; elles sont dues à
Cacciatori. Sur ce monument sont écrites les vic-
toires de Napoléon Ier. Parmi ses églises, qui sont
belles et nombreuses, je vais essayer de dire
quelques mots de la cathédrale qui passe, et à
juste titre, pour une merveille monumentale de
l'Italie. C'est le plus somptueux temple catholique et le plus vaste après Saint-Pierre de Rome.
Elle doit sa fondation à Jean Galéas Visconti, qui

en posa la première pierre le 15 mars 1386, et
elle n'est point encore terminée. Elle est toute en
marbre blanc ; le style gothique domine, quoique
la façade soit commencée par Pellegrini, soit de
style roman. Les deux statues colossales qui do-
minent la porte principale représentent, l'une le
Nouveau Testament et l'autre l'Ancien, chef-
d'œuvre d'Acquisti et de Pacetti. L'intérieur de
ce temple est en forme de croix latine ; sa longueur est de 148 mètres et sa largeur de 78. Le
clocher principal est couronné de la statue de la
Vierge, qui est vraiment colossale, et comme
chaque clocher est surmonté d'une statue de
saint, Marie, qui les domine tous, semble com-
mander au monde entier et le protéger en même
temps. Cinquante-deux pilastres soutiennent la
voûte, et la coupole représente les quatre docteurs
de l'Église. Comme chef-d'œuvre de ce temple,
je dois noter deux gigantesques colonnes de granit faites d'un seul bloc, puis deux statues colossales qui représentent saint Charles et saint Ambroise. Dans la sacristie méridionale on voit deux

statues d'argent enrichies de pierres précieuses de
ces mêmes saints, l'Adoration des Mages, de Ra-
phaël. La sacristie septentrionale attire l'atten-
tion par la voûte peinte à fresque; elle est due
à Procaccini. Sous le maître-autel est la chapelle
Saint-Charles ; c'est là que repose le corps de ce
saint revêtu de ses habits pontificaux ; il a le
visage découvert. A ses côtés, on a placé sa crosse
enrichie de diamants ; sa croix pectorale est sus-
pendue au-dessus de son corps. La chasse qui renferme ces précieuses reliques est d'argent et les
ornements sont d'or ; c'est un don de Philippe IV,
roi d'Espagne. Ce saint est très-vénéré à Milan,
à cause des hautes vertus qu'il pratiqua pendant
son épiscopat, et par la charité et le dévouement
qu'il déploya à l'occasion de la peste qui ravagea
cette ville.

Nous avons eu, mon fils et moi, le bonheur
d'entendre la sainte messe dans la chapelle de
Saint-Charles Borromée.

Je ne finirai point si je voulais dire toutes les
richesses que renferme cette église ; je termine en

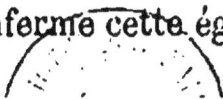

disant que, du belvédère qui est placé autour du
clocher principal, on jouit d'un panorama splen-
dite ; la cité s'étend à vos pieds, et quoique ces
rues soient étroites et tortueuses, elle est pourtant
fort belle ; l'horizon s'étend si loin, que l'on voit
les montagnes de Bergami, de Brescia, le mont
Blanc et le mont Rose.

Nous avons aussi visité l'église Saint-Ambroise;
cette basilique est une des curiosités de Milan.
Elle fut fondée du temps de saint Ambroise, en
387. C'est pendant qu'il était archevêque de cette
ville qu'il obligea l'empereur Théodose à con-
fesser ses crimes et à en faire pénitence avant de
dépasser le seuil de son église. L'empereur, docile
à une voix qui semblait venir du ciel, se purifie
par une pénitence publique de huit mois, et
rachète par ses larmes le crime qu'il avait commis
contre les malheureux habitants de Thessalonique.
Dans une chapelle, on voit une magnifique fresque
représentant Jésus-Christ entre deux anges ; elle
est de Borgognone. On conserve avec le plus grand
soin le caractère primitif de ce monument. C'est

dans la chaire qui orne ce temple que saint Ambroise, par son éloquence douce et persuasive, convertit saint Augustin, qui devint une des lumières de l'Église. Le corps de ce saint repose dans cette église ; nous avons beaucoup regretté de n'avoir pu visiter son tombeau. C'est à Milan que l'empereur Constantin déclara la religion catholique religion de l'empire.

Nous quittons Milan et nous prenons la voie ferrée qui doit nous conduire à Bologne. Quoique emportés rapidement par la vapeur, nous avons été, mon fils et moi, agréablement surpris en traversant les gracieuses plaines et les splendides et fertiles campagnes de la Lombardie. Cette riche terre de l'Italie donne toutes les productions des climats tempérés, et la plupart de celles des pays chauds. Son heureuse situation, la douceur de son climat feraient de cette contrée un des États les plus riches de l'Europe si les habitants étaient un peu plus actfs et industrieux , et l'administration plus soucieuse de ses devoirs. Dans notre parcours, nous avons remarqué les jolies villes de Plaisance, de Parme et de Modène. Enfin nous arrivons à Bologne, ville des États de l'Église; un canal qui reçoit l'eau du Reno rend son territoire très-fertile. L'aspect des constructions de cette ville est un peu original; cela vient de ce que sa fondation remonte à une haute antiquité, car elle fut bâtie par les Etrusques. Au Xme siècle, elle se constitua en république, et au XVIme siècle elle fut conquise par les armes du pape Jules II. La majeure partie de la ville est entourée de portiques; les arceaux y forment aussi une agréable promenade. Bologne est très-irrégulièrement bâtie, et ce qui lui donne un aspect singulier, c'est que, vu son ancienneté, ses constructions portent l'empreinte de plusieurs genres d'architecture.

Parmi les églises, je citerai la cathédrale qui date du XVIme siècle; son architecture est de style corinthien. La coupole du maître-autel est peinte à fresque; elle est d'une pureté d'exécution fort remarquable. Elle possède aussi plusieurs

places magnifiques et de forts beaux palais sécu-
laires. Comme curiosité et hardiesse de construction, nous avons admiré la tour Asinelli, élevée par Asinelli en 1096. Elle est haute de 101⁻
mètres et son inclinaison est de 1 mètre 23. En
approchant, il semble qu'elle va tomber; mais
sa ligne perpendiculaire rencontre trop parfaitement le plan de l'horizon, un tremblement de terre
seul pourrait la renverser; c'est vraiment un chef-
d'œuvre.

De Bologne nous partons pour Florence. Avant
d'entrer dans la patrie des Médicis, du Dante
et d'autres grands hommes, il faut traverser les
Apennins en parcourant de nombreux tunnels.
Quoique ce passage ne soit pas des plus agréables,
le désir qu'on a de voir cette belle capitale de la
Toscane fait qu'on ne s'en préoccupe guère. En
entrant dans cette ville qui est traversée par l'Arno
qui la partage en deux parties inégales, on est
frappé de la grandeur majestueuse de son aspect ;

on sent que de grands artistes ont l'aissé là l'empreinte de leur génie. Florence mérite bien le titre qu'on lui a donné : l'*Athène de l'Italie*. Les Florentins prétendent faire remonter l'origine de leur cité au temps des Étrusques, d'autres disent d'une colonie romaine à l'époque de Sylla ou de César Auguste. Les Florentins sont fiers de leurs grands hommes ; ils parlent avec enthousiasme de Cosme et de Laurent de Médicis, qui accorda une si grande protection anx sciences et aux arts, et qui fut le protecteur de Michel-Ange, dont les chefs-d'œuvre sont répandus dans plusieurs villes de l'Italie. Je dois dire ici une vérité, c'est que de tous les peuples d'Europe, l'Italien est le seul qui ait porté aussi haut cette puissance d'inspiration, ce fini, qui ont fait de leurs arts des merveilles.

La place della Signoria est la principale de Florence ; son plus bel ornement est le palais Vecchio qui a l'aspect d'une forteresse ; il fut bâti en 1298.

Les églises sont fort belles, mais je ne parlerai que de la cathédrale. La première pierre de ce magnifique édifice fut posée en 1298. La façade est encore en construction ; inutile de dire que les plus grands architectes ont travaillé à ce temple qui est une véritable merveille, ce qui a fait dire à Michel-Ange : Il est difficile de faire une chose si bien, impossible de faire mieux. La longueur de cette église est de 148 mètres 43 centimètres, sa largeur 94 mètres et sa hauteur 114 mètres. L'intérieur a trois nefs ; la voûte est attribuée à Michel-Ange. Au-dessus de la porte principale est une grande mosaïque représentant le couronnement de la Vierge. Derrière le maître-autel on admire un groupe en marbre représentant la Piété ; c'est le dernier chef-d'œuvre de Michel-Ange. Le campanile est une merveille de l'art ; il est taillé à jour en style gothique italien ; sa hauteur est de 84 mètres ; il est orné de cinquante-quatre bas-reliefs et de seize statues des plus célèbres artistes. La coupole est aussi grande que celle de Saint-Pierre, à Rome. Les vitraux sont magnifiques, les tableaux et les fresques sortent des mains des plus grands maîtres. En sortant de cette magnifique église, nous avons été visiter le palais Pitti, qui passe avec raison pour un des plus beaux du monde. Ses riches galeries renferment en peinture, en sculpture et en objets d'art, les chefs-d'œuvre des plus grands artistes. Il semble, en vérité, quand on se trouve devant de pareilles merveilles, que l'on est encore moins que ce que l'on croyait être. Il m'est impossible de dire ce que j'ai éprouvé à la vue des œuvres immortelles des Raphaëls, des Rubens, des Van-Dyck, etc. Ce palais fut commencé en 1440. Depuis Cosme de Médicis, il devint la résidence des grands duc de Toscane. Il y a dans ce palais une collection de riches vases, de plats et d'objets d'art qu'on attribue à Cellini, célèbre orfèvre et graveur de Florence, particulièrement favorisé par François 1er. La chapelle renferme des tableaux, des statues et des bustes des plus grands artistes. Il faudrait plusieurs jours pour visiter les monuments remarquables de Florence.

En admirant les merveilles de cette ville naguère résidence royale, je ne pus m'empêcher de faire quelques réflexions sur la fragilité et l'inconstance humaine. Je me demandai pourquoi Victor Emmanuel avait quitté cette splendide capitale de son royaume ? Pourquoi, puisqu'il aimait son peuple, il avait détruit en un jour toutes les espérances des Florentins ? N'était-ce donc pas assez d'avoir ruiné Turin, fallait-il encore rendre malheureux les habitants de cette cité ? Ah ! pourquoi ? c'est que l'ambition de l'homme est insatiable ! c'est que Victor Emmanuel convoitait depuis longtemps une autre capitale, et que, méprisant les douces remontrances de Pie IX, et enfin bravant les foudres du Vatican, il voulait contre son droit résider à Rome et en faire sa capitale, sous le vain prétexte de fonder l'unité de l'Italie. Mais, hélas ! son triomphe n'a pas été de longue durée. Il a été châtié par Celui devant qui les rois ne sont que poussière, et la mort est venue le surprendre au moment où il croyait avoir de longs jours.

Je me permettrai à ce sujet de rapporter quelques paroles qui m'ont été dites par un

jeune Florentin avec qui j'ai causé. C'est un grand
malheur, me dit-il, que le roi ait transféré sa capitale à Rome ; tant que durera cet état de choses
il y aura beaucoup de mécontents ; et tant que, la
France, l'Italie, l'Espagne et le Portugal ne seront
pas unies comme des sœurs, nous ne serons point
heureux. Pourquoi, lui dis-je ? Parce que ces nations
sont latines, et qu'elles semblent avoir été destinées par Dieu lui-même à rester unies, et que
leur alliance peut seule empêcher la prédominance
des races du Nord, qui seraient une véritable
éclipse de civilisation. Si elle venait à se réaliser.
En effet, malgré le luxe des monuments de Florence, il y a beaucoup de misère. Le fils du roi
défunt devrait ce me semble réfléchir, et donner
à son peuple ce qu'il demande. Il serait béni des
Italiens et de la chrétienté.

Maintenant nous quittons la ville des arts pour
nous rendre à la ville éternelle. Combien j'ai été
heureux en entrant dans la ville Sainte, et combien j'ai remercié Dieu de m'avoir accordé la

grâce de pouvoir faire ce pèlerinage le plus ardent de mes vœux. O cité bénie ! Quel bonheur est le tien de donner asile à celui qui représente Jésus-Christ sur la terre ! Que tes habitants sont heureux de pouvoir contempler de temps à autre le Vicaire de celui qui a donné tout son sang pour eux, et dont les successeurs sont disposés à faire de même pour défendre l'Église que le Sauveur du monde a établie et de qui il a dit : Les portes de l'enfer ne prévaudront point contre elle. Nous voyons bien que ces paroles sont vraies, car, depuis saint Pierre, que de persécutions ont éclaté contre les Papes. Eh bien ! malgré les vexations, les tourments, les martyrs même, pas un n'a abandonné sa foi. Les tyrans ont passé, et la barque de Pierre, dirigée par une main presque divine, est toujours rentrée au port et plus forte et plus courageuse que jamais. Ce qui prouve une fois de plus que la religion catholique est toute d'institution divine ; car, nous le voyons tous les jours, les choses de pure invention humaine changent, se bouleversent et finissent souvent par disparaître.

Malgré tant d'écrits contre la religion, son chef
et ses ministres, le nombre des pèlerins qui vient
à Rome pour avoir l'insigne honneur de baiser
les pieds de Sa Sainteté et de recevoir sa bénédiction ne diminue point; car c'est par milliers
qu'on les compte venant de toutes les parties de
l'univers.

AUDIENCE DU SAINT-PÈRE

En arrivant à Rome, nous nous sommes rendsu au Vatican pour savoir si nous pouvions être reçus par Sa Sainteté. Ayant eu une réponse affirmative, en attendant le moment de la réception, nous allâmes assister, dans Saint-Pierre même, à une messe chantée en l'honneur de la saint Léon, fête du Pape. Il me serait difficile de dire l'impression que j'ai ressentie en entrant dans cette cathédrale à nulle autre pareille. La messe fut admirablement chantée par les chantres de la chapelle Sixtine, dont les voix pures et vibrantes vous remplissent l'âme de douces émotions. On se croirait transporté au milieu d'une troupe céleste exécutant une symphonie en présence du Seigneur.

Après la sainte messe, nous montâmes dans les galeries du Vatican, où de nombreux pèlerins

étaient déjà réunis. Nous étions là, attendant avec
impatience l'heureux moment où il nous serait
permis de voir le Saint Père. Quelques instants
plus tard, une porte s'ouvre et nous voyons paraître Léon XIII, s'avancer vers nous avec un
visage doux et serein, un air majestueux et le
sourire sur les lèvres. Il s'arrête devant chacun
des assistants, et les bénit avec une bonté toute
paternelle.

Pour ma part, je dirai que j'ai été très-ému
quand Sa Sainteté s'est arrêtée devant moi; c'est à
ce moment que je lui ai offert un exemplaire de
mes causeries.

— Que renferme ce petit livre ? me demanda
Sa Sainteté.

— Saint Père, lui dis-je, c'est une petite brochure
que j'ai composée pour la défense de notre sainte
Religion et du Pape, afin d'intéresser les ouvriers
du cercle Catholique et de les maintenir dans de
bons sentiments; ce petit travail n'a d'autre mérite
que celui d'avoir voulu rendre hommage à la
vérité.

— C'est très-bien, me dit Léon XIII en souriant ; je vais vous bénir pour ce travail ainsi que votre Cercle et votre famille. •

Mon fils lui demanda sa sainte bénédiction pour sa Conférence ; il la lui donna, et après avoir eu le bonheur de lui baiser les mains, il toucha les objets religieux que nous lui présentâmes, et nous prîmes congé de Sa Sainteté.

Je ne vous dirai qu'un mot du successeur de saint Pierre ; mais ce mot vaut les plus grands éloges : c'est qu'il était vraiment digne de succéder à Pie IX, Pie IX que l'on peut mettre en tête des grands Papes, non-seulement pour ses hautes capacités, mais encore pour la résignation qu'il a montrée pendant les longues années que ses ennemis l'ont persécuté ; Pie IX qui fut la gloire du XIXme siècle par la promulgatien du dogme de l'Immaculée-Conception et celui de l'infaillibilité du Pape. Je souhaite que le Pape actuel ne rencontre pas les difficultés de son prédécesseur ; mais si telle était la volonté de Dieu, je suis bien persuadé qu'il montrerait la même grandeur d'âme.

Je vais essayer de faire la description de la basilique de Saint-Pierre, du premier temple des Catholiques, commencé en 1450, sous le pape Nicolas V, et dont la construction, qui dura trois siècles, fut confiée aux plus grands architectes. La façade est haute de 48 mètres et large de 120 ; elle est composée de huit colonnes et de quatre pilastres ; les colonnes ont 88 pieds de haut et 8 pieds de diamètre ; une des galeries est terminée par une balustrade ornée de treize statues colossales représentant Jésus-Christ et ses douze apôtres ; les statues ont 17 pieds de haut. Aux deux extrémités du portique, on voit les statues équestres de Constantin et de Charlemagne. Il y a cinq portes qui donnent entrée à l'intérieur du temple. La proportion qui règne dans ce splendide monument le fait de prime abord paraître moins grand qu'il ne l'est en réalité ; mais à mesure qu'on avance, son immensité se révèle à l'observateur. Sa hauteur est de 186 mètres. Elle a la forme d'une croix latine et se compose de trois nefs. En entrant, on aperçoit quatre anges de

formes colossales qui supportent deux bénitiers ;
le tout d'un seul bloc de marbre. La coupole sur-
passe en dimension toutes celles connues ; elle est
soutenue par quatre énormes piliers ; il y en a
quatre rangées. Le tambour est orné de trente-
deux pilastres d'ordre corinthien. Du côté du bras
méridional de la croix, il y a trois autels dont
l'architecture est de Michel Ange. Les mosaïques
représentent la confession de saint Pierre, saint
François et l'incrédulité de saint Thomas.

Je ne décrirai point les dix-huit chapelles ; cela
m'entraînerait trop loin ; je dirai seulement que
la basilique de Saint-Pierre est un chef-d'œuvre
dans son ensemble, comme dans ses plus petits
détails, et que, dans le monde entier, il n'existe
point une semblable merveille. De la cathédrale
du monde chrétien, nous passons au Vatican. Cet
immense édifice est la réunion de plusieurs palais ;
les galeries, la chapelle, la bibliothèque, le musée,
les jardins font l'admiration des visiteurs ; mais il
faudrait un mois et avec un guide pour pouvoir
apprécier tous les chefs-d'œuvre d'architecture,

de sculpture, de peinture et autres qui sont amoncelés dans cette demeure des Papes. Les garde-nobles avec leurs casques, les garde-suisses avec leur costume du moyen-âge, les domestiques portant la livrée violette, tout cela forme un ensemble charmant par sa variété.

En quittant ce séjour de paix, nous avons été visiter les ruines. Les palais des Césars, les temples des faux-dieux, les arcs de triomphe, les thermes attestent la grandeur de l'ancienne maitresse du monde. Nous avons admiré la fameuse colonne Trajane ; c'est le plus grandiose monument qui rappelle la magnificence de Rome ; au sommet est placée la statue de la Vierge ; puis la colonne Antonie, où l'on voit la statue de saint Pierre. Nous nous sommes arrêtés aussi au Forum où se réunissait le peuple, afin d'entendre les tribuns défendre leurs droits ; il arrivait alors ce qui arrive encore de nos jours, que le pauvre peuple romain croyait avoir des défenseurs et des soutiens dans les tribuns, et qu'il n'avait souvent, sinon des ennemis, du moins que des ambitieux, qui ne pensaient qu'à leur fortune personnelle.

Le palais des Césars est une immense construction surmontée de cinq étages, tous voûtés. Pour couronner cet édifice, l'empereur avait fait transporter de la terre, afin d'y établir des jardins, qui sont encore aujourd'hui magnifiques et parfaitement entretenus. C'est du haut de ce palais que Néron contemplait l'incendie qu'il avait fait allumer et qu'il se distraisait en voyant brûler les chrétiens qu'il avait fait induire de poix pour éclairer les rues de Rome. Devenu odieux par ses crimes, il fut obligé de se faire donner la mort par un de ses affranchis. L'empire romain se faisait encore respecter au dehors ; mais sa décadance approchait, et l'influence de l'Évangile allait toujours croissant, malgré les hérésies et les persécutions. Les thermes de Caracalla et de Titus sont assez bien conservés. Le temple de Vesta, c'est dans ce lieu que les jeunes Romaines consacraient leur virginité et venaient entretenir le feu sacré de la déesse. La voie Apienne est aussi fort remarquable ; des deux côtés, on ne

voit que des tombeaux. Nous avons remarqué
celui des trois Scipion, qui est en parfait état ;
celui de Cécilia Metella, qui est un des monuments funèbres de Rome les mieux conservés ;
celui de Sénèque avec la villa qu'il occupait
quand Néron lui ordonna de se donner la mort ;
et enfin celui de Romulus, avec le temple et le
cirque qu'il fit bâtir.

Tous les splendides monuments de Rome sont
entourés de villas charmantes. Les visiteurs de la
ville éternelle, et ils sont toujours très-nombreux.
reposent avec bonheur leurs regards sur la campagne, qui est d'une luxuriante beauté. En con-
sidérant ces restes de la magnificence des Césars,
on se demande pourquoi Rome païenne, si riche,
si grande, si magnifique, n'a pu soutenir sa grandeur ? C'est que Rome a méconnu le temps qui
lui était donné pour se repentir ; c'est que ses
empereurs, au lieu d'ouvrir les yeux à la lumière
de l'Évangile, se faisaient les tyrans des apôtres
et mettaient leur gloire à faire couler le sang des
chrétiens dans leurs amphithéâtres. Dire que ces

hommes ne craignaient point de faire descendre dans leurs arènes de jeunes hommes, des femmes, de jeunes filles timides qui tous refusaient de sacrifier aux faux-dieux, et qui, prononçant le nom du Christ, leur Dieu, étaient dévorés par des bêtes féroces affamées à cet effet. Mais aussi ces milliers de martyrs ont reçu la récompense due à leur foi, et leurs noms immortels planent sur les monuments qui furent destinés aux fausses divinités.

Qu'est-il advenu de ces sanguinaires Césars ? Ils sont morts, pour la plupart, d'une façon épouvantable ; leur puissance s'est dissipée comme la fumée et leurs noms sont exécrés de toutes les générations. Je n'ai pas voulu quitter Rome sans aller visiter les Catacombes. Ce sont d'immenses galeries souterraines ; les murs des corridors funèbres sont bordés de cercueils placés les uns au-dessus des autres. On ne peut voir ce labyrinthe sans éprouver une grande émotion, en pensant que pendant nombre d'années les chrétiens étaient obligés de se cacher dans ce lieu pour pratiquer leur sainte religion et fuir les persécutions.

Impossible de contempler cette magnifique Rome sans se dire que les grandeurs, que la puissance ici-bas sont de vains noms, et que tout est éphémère, excepté ce qui a été fondé par le Christ envoyé de Dieu; car, malgré les tyrannies de tous genres, malgré les hérésies, l'Église subsiste et subsistera jusqu'à la fin des siècles.

Les hommes ont beau faire pour détruire la papauté, ils n'y parviendront point; elle est de fondation divine et subsistera envers et contre tous. Je l'ai dit et je le répète : Léon XIII était digne de succéder à Pie IX, et quoiqu'on ait osé prendre la ville éternelle, qu'on ait laissé le Pape sans armée, qu'il soit prisonnier dans le Vatican, il est sans crainte parce qu'il compte sur cette force d'en haut qui ne lui manquera jamais. Le Souverain Pontife est comme Jésus-Christ : il veille et commande au vent et à la tempête. La barque de Pierre ne sombrera pas, malgré les fortes secousses qu'elle reçoit de la part de ses ennemis; le gouvernail est tenu par une main d'autant plus forte que c'est Dieu qui gouverne son bras. Que les bons catholiques — et il y en a plus qu'on le croit — s'unissent donc dans le cœur sacré de Jésus et prient pour Celui à qui il a été donné de lier et de délier les consciences ; Celui à qui les clés du ciel ont été confiées, qui seul et sans armes, fait trembler les rois, et dont la parole retentit jusqu'aux extrémités de l'univers.

Après Saint-Pierre, Rome renferme encore un grand nombre d'églises toutes d'une grande beauté, telles que Saint-Jean de Latran, Sainte-Marie Majeure, Saint-Paul, Sainte-Agnès, les Saints-Apôtres, Saint-Laurent et beaucoup d'autres. Dans l'église Saint-Laurent, nous avons vu les chaînes avec lesquelles ses bourreaux l'avaient attaché, le gril sur lequel on l'avait mis, quelques lambeaux de sa chair carbonisée. L'église des Apôtres est très-remarquable et renferme beaucoup de reliques. Nous avons monté la Scala-Santa que Jésus-Christ gravit lorsqu'il se rendit au prétoire pour y être condamné par Pilate. En visitant tous ces monuments, on est pénétré d'un sentiment d'admiration profonde pour les artistes

qui ont enfanté de pareilles merveilles, et l'on se
dit que là où préside l'idée de Dieu, se trouve
l'œuvre parfaite. Il y a, en effet, à Rome, de bien
beaux monuments profanes; plusieurs même sont
de véritables chefs-d'œuvre ; en les regardant, on
se sent étonné, surpris ; on se demande comment
l'esprit humain a pu concevoir et exécuter un
travail si gigantesque ; mais en entrant dans
les temples de Dieu, on se sent, malgré soi, ému
de ce grandiose de la demeure de l'Éternel. Cette
architecture, ces fresques, ces toiles, que vous
ne vous lasseriez pas d'admirer, tout vous dit que
le ciseau et le pinceau des grands artistes qui ont
exécuté ces chefs-d'œuvre immortels se sont ins-
pirés et enveloppés, si je puis m'exprimer ainsi,
de l'esprit de la foi, et qu'ainsi guidés rien ne
leur a été impossible; qu'ils soient donc bénis ces
hommes qui, par les œuvres qu'ils nous ont
laissées, élèvent l'âme au-dessus des préoccupations
humaines, et nous font entrevoir ce que peut être
la magnificence de ce Dieu, seul dispensateur des
talents! Voyez en fait de musique, par exemple,

n'est-il pas vrai que les chants religieux bien exécutés vous font éprouver une douceur, une suavité dont vous ne vous rendez pas compte ; tandis que le plus bel opéra vous laisse souvent froid et insensible ? Oui, je le répète, tout ce qui vient de Dieu est empreint d'un cachet de grandeur qui ne se rencontre nulle autre part. Ah ! si les hommes comprenaient ce qu'est Dieu comme ils seraient meilleurs, comme ils chercheraient à bien faire, afin d'être récompensés dans un autre avenir ; mais, que dis-je ? quand il y a beaucoup d'hommes qui se disent savants, et qui passent pour tels, qui prétendent qu'il n'y a pas d'Être suprème, qui n'admettent pas dans la nature d'autre existence que celle de la matière !

Je ne m'étendrai point sur ce sujet qui m'entraînerait hors des limites que je me suis tracées ; je dirai seulement que je plains de tout mon cœur ces hommes qui vivent et meurent sans prier Celui qui peut tout et qui règle l'ordre des choses.

Parmi les monuments profanes de Rome, je citerai : le Capitole, magnifique citadelle élevée sur

le mont Tarpéien ; il a été en partie reconstruit ;
mais on a conservé avec grand soin les statues
qui couronnent le haut du grand escalier. Nous
avons vu aussi la roche tarpéiene du haut de
laquelle on précipitait les criminels de haute tra-
hison. Le palais des princes, celui de la Chancel-
lerie, etc.; les palais privés sont aussi fort beaux.

Il y a parmi les Romains de fort beaux types ;
ils sont généralement grands et ont l'air fort dis-
distingué, polis et bien élevés pour la plupart ; la
classe riche est très-généreuse. Je ne puis m'en-
pêcher de rendre hommage ici aux charmantes
manières et à la noble simplicité des dames Romaines. Leur coiffure est généralement le chapeau
de feutre gris à larges bords, garni de fort belles
plumes, et relevé d'un côté, suivant la fantaisie
de chacune; quoique, un peu cavalier, ce chapeau
ne leur sort rien de leur air distingué et sérieux ;
elles portent des anneaux d'argent aux oreilles et
leur mise est fort simple. Il y en a bien quelques-
unes qui suivent plus ou moins les modes fran-
çaises ; mais aucune n'a de toilette voyante comme

nous en voyons dans nos villes ; enfin elles ont le
véritable genre de la femme comme il faut ; quant
au peuple, on ne peut guère le caractériser ; car il
est tellement bigarré, qu'il semble qu'il appartient
à toutes les parties du monde.

Le peuple romain n'est pas industrieux, mais
il se contente de peu ; il est convenable et poli ;
on le dit très-religieux. A ce propos, je ne
puis passer sous silence la bonté avec laquelle
nous avons été traités par notre hôte, M. Leroux.
Si je connaissais quelque Français qui voulût
aller à Rome, je lui indiquerais la maison de ce
compatriote, où il trouverait le double agrément
d'être parfaitement servi et en excellente com-
pagnie. Nous avions auprès de nous des ecclésias-
tiques qui ont été fort aimables à notre égard.
Je n'oublierai pas les attentions dont nous avons
été l'objet.

Combien je remercie Dieu de m'avoir permis de
voir la ville éternelle ! Nous garderons, mon fils et
moi, un bien profond souvenir de toutes les merveilles que nous avons vues, et nous nous rap-

pellerons toujours, avec un sentiment de vive
reconnaissance, l'insigne honneur d'avoir été
reçus et bénis par Sa Sainteté Léon XIII.

Nous quittons Rome pour nous diriger sur
Ancône. Cette ville est bâtie sur le penchant d'une
colline ; elle possède une magnifique forteresse et
un port sur l'Adriatique. Elle a une belle cathédrale dout la coupole passe pour une des plus an-
tiques de l'Italie.

D'Ancône, nous allons à Assise qui a eu
l'honneur de voir naître saint François. Assise
est bâtie sur une montagne ; c'est une ville
fort ancienne et qui conserve son cachet d'ancienneté. Sur la place du marché, il y a un
portique qui était d'un ancien temple de Minerve.
La cathédrale date du XIIIme siècle ; elle renferme une crype de 1028 avec des peintures du
VIIIme siècle. Nous avons visité Notre-Dame des
Anges où reposent les reliques si vénérées de saint
François d'Assise, qui eut l'honneur de porter les

stigmates de la passion de Jésus-Christ. Nous avons vu aussi le corps de sainte Claire parfaitement conservé. Le monastère de cette sainte est tel qu'il était de son temps, et tous les objets à son usage sont soigneusement conservés. Les habitants d'Assise sont très-pieux, et nous avons été touchés du respect avec lequel le saint Sacrement est suivi quand on le porte aux malades : c'est en chantant des cantiques en l'honneur de Dieu et de la sainte Vierge. Nous avons visité le parterre de rosiers sans épine planté par le séraphique saint François ; il est parfaitement entretenu.

Nous n'avons pas voulu quitter l'Italie sans visiter Lorette, petite mais fort jolie ville, régulièrement bâtie à la moderne, elle possède un très-beau palais épiscopal. Les campagnes sont magnifiques; mais ce qu'elle renferme de plus précieux, c'est la Santa-Casa, qui, selon une pieuse tradition, a été transportée de Nazareth à Lorette. Combien le cœur chrétien se sent ému et heureux en même temps de fouler le sol où l'Enfant-Jésus, Marie et Joseph ont passé plusieurs années ; avec quel respect on baise les objets dont ils se servaient pour prendre leurs repas ; que de millions de lèvres se sont appuyées sur les murs intérieurs. Nous avons entendu la sainte messe dans ce sanctuaire béni et nous y avons communié. Qu'on se sent heureux et quel bien-être on éprouve en priant dans ce lieu sanctifié par la sainte Famille ; c'est encore une faveur dont je remercie Dieu. Les habitants sont très-pieux et visitent souvent la Santa-Casa.

Malgré le bonheur que nous éprouvions, il fallut partir pour nous rendre à Padoue où naquit saint Antoine. L'église dédiée à ce saint est une des plus belles basiliques du XIIIme siècle. Padoue est une fort jolie ville, bien bâtie et renfermant de beaux monuments. Les campagnes qui l'entourent sont les plus riches de l'Italie.

Enfin nous arrivons à Venise la magnifique, qu'on peut appeler la nymphe des eaux. Venise est bâtie

au fond du golfe Adriatique, au milieu de lagunes.
On arrive à la lagune principale par un grand
pont qui met Venise en communication avec la
terre ferme. Ce pont est long de 3,600 mètres;
il est soutenu par deux cent vingt-deux arches,
hautes de plus de 3 mètres; le chemin de fer est
établi sur ce pont. A la station on trouve des
gondoles en guise d'omnibus qui vous transpor-
tent à l'hôtel. Venise est partagée en deux parties
par le canal Grande. Les rives sont bordées de
magnifiques palais dont le pied est dans l'eau, et
qui sont bâtis sur pilotis. Le plus beau monument
de cette cité grandiose est l'église Saint-Marc qui
se rattache au palais par un portique. La place
Saint-Marc encadre ces deux monuments et forme
un quadrilatère dont l'aspect est vraiment merveilleux; mais ce qui produit une vive impression
c'est lorsque les croisées du palais sont éclairées,
on dirait un palais enchanté. L'église Saint-Marc,
reconstruite en 977, est d'architecture grecque,
bysantine; elle est soutenue par cinq cents colonnes de marbre. On ne voit dans cette cathé-

drale que marbre, or et mosaïques. En face de
l'église Saint-Marc, à droite de la place, est un
campanile très-élevé et qui est d'un travail cu-
rieux. De l'autre côté est le pavillon de l'horloge,
qui est une véritable merveille : il marque les
années, les mois, les jours, les heures et les mi-
nutes. Au-dessus de ce cadran est la statue de la
Mère de Dieu, assise, tenant son divin Fils sur ses
genoux. Sur le plateau d'une des colonnes de la
place on voit le lion de Saint-Marc, aux ailes dé-
ployées. Au sommet de l'horloge, on a placé deux
statues d'hommes en bronze, qui frappent tour à
tour sur la cloche qu'ils entourent ; c'est sans
doute pour que le peuple de la cité n'oublie pas
que les heures, hélas ! passent bien rapidement.

Parmi les palais, je citerai celui des Doges qui
est d'une magnificence remarquable ; ses galeries
renferment des tableaux d'une prodigieuse grandeur représentant l'histoire de Venise. Ces toiles,
qui sont d'un fini merveilleux, sont les chefs-
d'œuvre du Titien, du Tintoret, de Paul Véro-
nèse, etc. Les parquets sont d'une beauté rare ; les

incrustés de mosaïques des plafonds dorés sont d'un
très-grand prix.. Le palais Ducal, dont le magnifique corps de cet édifice excite l'admiration et laisse
dans l'âme une impression profonde. Je n'ai pu le
visiter faute de temps. L'arsenal de cette ville est
un monument fort ancien ; on y voit les plus
beaux specimens de vaisseaux que l'Italie possède.
Parmi les objets d'art, on remarque l'armure de
Henri IV, qui en fit don à la République. Les
rues sont si étroites, que trois personnes peuvent
à peine y passer de front. Le commerce de cette
cité a bien diminué de ce qu'il était autrefois. Les
étrangers affluent à Venise pour y admirer les
monuments et les fêtes nautiques qui sont fort
belles.

Voilà donc terminé ce magnifique voyage
d'Italie. Ceux qui n'ont pas vu ce beau pays n'ont
rien vu, en fait que de magnifiques monuments
et d'imposantes ruines. Il n'est pas un village,
pas une bourgade qui ne possède quelque curiosité.

Pour ma part, je suis très-heureux de l'avoir pu faire, et doublement heureux d'avoir eu l'honneur d'être reçu par Sa Sainteté et par Son Altesse Monseigneur le Comte de Chambord.

VISITE A MONSEIGNEUR LE COMTE DE CHAMBORD

A GORITZ

Après avoir eu le bonheur de voir le Pape, mon plus grand désir était de pouvoir offrir mes respectueux hommages et mon dévouement à Henri V, ce noble descendant de nos Rois.

Nous étions à Padoue, mon fils et moi, lorsque nous apprîmes que Monseigneur le duc de Bordeaux devait quitter pour quelque temps Goritz, sa résidence d'été. Nous partimes immédiatement; nous arrivâmes dans cette ville le 28 avril, à quatre heures du matin, et à neuf heures nous allions à la villa remettre nos lettres de recommandations. A midi, M. du Bourg vint à notré hôtel nous prévenir que Son Altesse nous attendait à deux heures. A l'heure indiquée, nous étions à la demeure royale, où nous fûmes reçus par Sa Majesté avec une gracieuse simplicité qui nous mit tout de suite à l'aise. Après quelques instants d'entretien, nous prîmes congé du Roi, qui nous fit inviter à dîner pour le lendemain dimanche, à sept heures. Le lendemain, en arrivant à la villa, on nous accompagna dans l'appartement de M. du Bourg, qui nous conduisit immédiatement dans le grand salon, où étaient déjà réunis plusieurs personnages importants. Après quelques instants d'attente, on annonça Leurs Majestés. Le Roi s'avança vers nous, et comme nous avions mis un genou à terre pour le saluer, il daigna nous prendre les mains pour nous relever, et nous présenta ensuite à la Reine, qui nous accueillit avec une grâce charmante et nous demanda si nous étions satisfaits de notre voyage à Rome. Après avoir répondu affirmativement, je priai la Reine de vouloir bien me permettre de lui offrir un petit souvenir de Notre-Dame de Lorette; elle fut assez bonne pour accepter cette relique, et me promit de la garder religieusement. Puis je présentai au Roi mes

petites brochures ; il daigna les agréer, et me
remercia en me disant qu'il connaissait ma fidélité
et mon dévouement à sa cause, ainsi que la per-
sévérante amitié de ses amis de Bordeaux, puis
il ajouta : Tout n'est pas perdu, j'en ai la ferme
conviction. Nous viendrons un jour, avec la grâce
de Dieu, sauver ce beau pays de France, notre
patrie, que nous aimons de tout notre cœur et
que nous aimerons toujours. Ces paroles furent
prononcées avec un sentiment de si profond inté-
rêt, que je fus vraiment ému.

Monseigneur le comte de Chambord est d'une
taille au-dessus de la moyenne, d'une forte cons-
titution ; il a le port majestueux et digne et porte
la tête haute comme les princes de sa noble race.
Son visage est d'un gracieux ovale ; il a le nez de
la famille des Bourbons ; ses traits, d'une régularité
parfaite, sont empreints d'une grande douceur ;
son regard est pur et d'une vivacité peu ordinaire ;
il porte toute la barbe, ce qui lui donne un air de
douce gravité qui lui sied fort bien. Enfin tout
l'ensemble de sa noble personne inspire la con-

fiance et la sympathie. Mais quand on a le
bonheur de l'entendre parler, on est tout à fait
subjugué. On voudrait l'écouter toujours tant il a
la parole vive et l'élocution facile ; ses remarques
sont pleines de finesse, c'est un critique fort habile
et un profond penseur. Il possède une pénétration
d'esprit fort rare, faculté qui lui permet de connaître bien vite ceux qui l'approchent et de les
savoir juger. Et je puis dire qu'il est non-seulement doué de hautes capacités, d'une instruction
solide et fort étendue, mais encore — et chose
plus rare qu'on ne le croit — d'un jugement sain
et droit, ce qui prouve qu'il n'est imbu d'aucun
préjugé ancien ou actuel. Et dire que cette France
qu'il aime plus que sa vie, — car il la donnerait
s'il croyait assurer son bonheur, — que cette belle
et noble patrie ds ses ancêtres s'est laissée gou-
verner despotiquement, pendant vingt ans, par
un homme portant un nom glorieux, mais qu'il a
déshonorée par la reddition de Sédan, et qui,
pendant les vingt années qui ont précédé nos désas-
tres, n'avait rien tenu, dans ses mains inhabiles,

des destinées d'un si grand peuple! Que cet homme
s'est enrichi et a enrichi ses créatures aux dépens
de ce peuple qu'il voulait rendre si· heureux et si
grand! Oui, il l'a rendu grand, en effet, par la
misère et par la honte de la défaite ! Et dire que
le Français si intelligent, si perspicace, n'a pas
su découvrir la fausseté d'un pareil langage, qu'il
s'est laissé conduire à sa perte avec la même faci-
lité qu'on mène les agneaux à la tuerie. Il y avait
pourtant à cette époque (1848) un homme jeune,
c'est vrai, mais dont la raison avait mûri avant
l'âge par l'adversité et le malheur ; un homme
qui, pour sauver la France, n'eût reculé devant
aucun sacrifice personnel ; un homme enfin, qui,
lorsque la patrie était en deuil et aux abois, ne
lui a pas demandé, lui, la fortune de ses pères !
Il s'est contenté, ce noble cœur, de gémir sur les
malheurs de sa patrie, et, malgré que la France
fût alors assez ingrate pour ne pas le recevoir, elle
a payé bien cher cette faute. Il n'en souhaita pas
moins pour elle une ère meilleure.

Mais nous voici de nouveau revenu en Répu-

blique, et depuis huit années que nous sommes
sous ce nouveau régime, où en sommes-nous? Que
font les grands orateurs que la nation a placés à la
Chambre pour défendre ses droits et ses libertés?
Ce qu'ils font? je vais vous le dire : ils votent aujourd'hui une loi qu'ils promulguent demain et
qu'ils abrogent huit jours après. Voilà ce que
j'appelle perdre un temps précieux pour un peuple ; voilà, pour mieux dire, comment on se
moque des gens trop crédules. Ces députés bien
payés parlent fort éloquemment, je n'en discon-
viens pas ; mais de la parole à l'exécution il y a
loin. Le plus grand nombre de leurs projets pour
régénérer la France, comme ils le disent si bien
dans leurs discours, ne sont, à mon sens, que des
utopies plus ou moins vraisemblables, inventées
pour faire croire au peuple qu'on s'occupe de lui,
qu'on veut avant tout le rendre heureux en lui
fournissant l'instruction, premier agent du bonheur, instruction répandue pour que le clergé ne
puisse plus lui en faire accroire.

Pauvre France qui se laisse ainsi leurrer ! Où

irons-nous en suivant cette pente? Sommes-nous
arrivés, comme l'ancienne Rome, à notre époque
de décadence? Mais n'anticipons pas sur les évé-
nements, et, comme Monseigneur le comte de
Chambord, espérons qu'une aurore nouvelle va
briller pour cette chère et bien-aimée patrie, objet
de tous ses vœux. Peut-être qu'un jour, fatiguée
de tout ce provisoire, la France ira chercher le
noble Exilé et le replacera sur le trône de ses
ancêtres. Ayant vu le salut de la France je
pourrai mourir en paix.

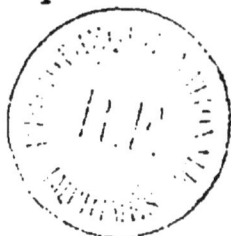

www.ingramcontent.com/pod-product-compliance
Lightning Source LLC
LaVergne TN
LVHW022036080426
835513LV00009B/1076